Flex und Flora

Deutsch

4

Sprache untersuchen

Erarbeitet von
Heike Baligand, Niedersachsen
Angelika Föhl, Baden-Württemberg
Nadine Pistor, Nordrhein-Westfalen
Bettina Sievert, Nordrhein-Westfalen
in Zusammenarbeit mit der
Redaktion Grundschule

Für die Ausleihe bearbeitet von
Heike Baligand, Niedersachsen
Katharina Jorga, Baden-Württemberg
Caroline Tautz, Hessen
Christina von Weyhe, Niedersachsen

Unter beratender Mitwirkung von
Marion Aufleger, Hessen; Nadin Haida-Herklotz, Berlin/Brandenburg;
Dr. Erwin Hajek, Baden-Württemberg; Jessica Heide, Saarland;
Alexandra Herbon Carou, Rheinland-Pfalz; Tanja Holtz, Niedersachsen;
Petra Klein, Saarland; Esther Mager, Schleswig-Holstein;
Nicole Pleus-Quiter, Niedersachsen; Insa Scheller, Hamburg

Illustriert von
Angela Fischer-Bick, Karoline Kehr

Diesterweg
westermann

Inhaltsverzeichnis

S4

S5

Wörter zu Themen sammeln und ordnen

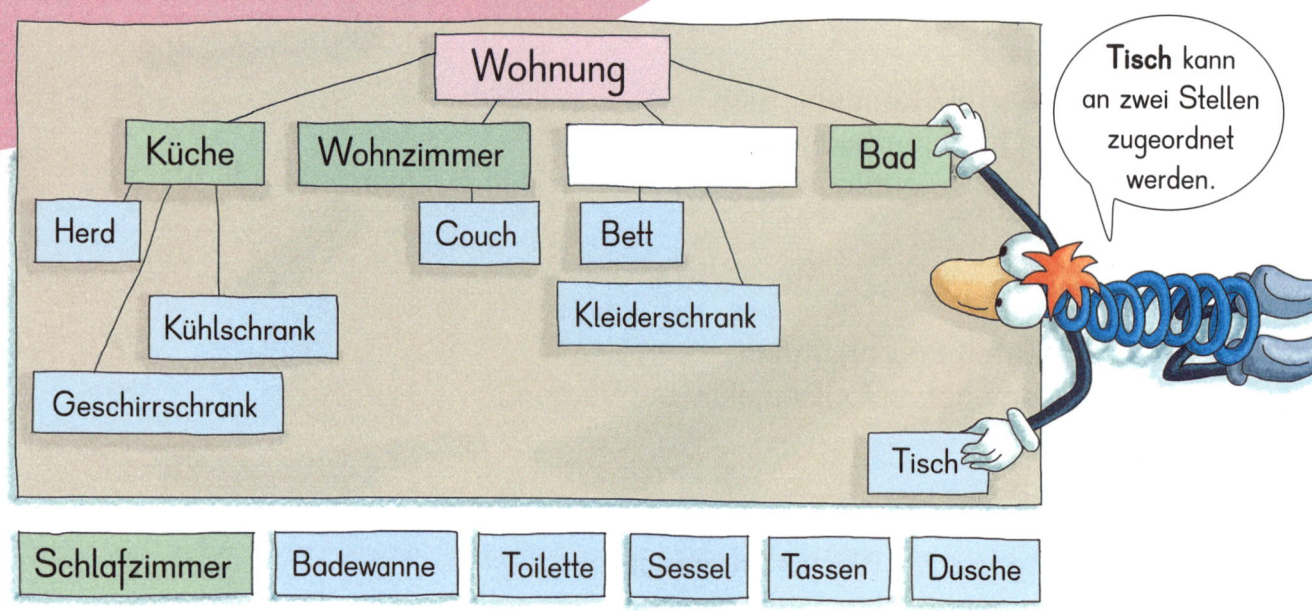

Wohnung

Küche | Wohnzimmer | | Bad

Herd | Couch | Bett

Kühlschrank | Kleiderschrank

Geschirrschrank

Tisch

Tisch kann an zwei Stellen zugeordnet werden.

Schlafzimmer | Badewanne | Toilette | Sessel | Tassen | Dusche

1 Überlege mit einem Partner,
wo ihr die Wortkarten oben im Bild zuordnen könnt.

> **Wörter** kannst du nach **Wortfeldern** ordnen.
> Zu einem Wortfeld gehören Wörter, die eine ähnliche Bedeutung haben.
> Das übergeordnete Wort heißt **Oberbegriff**: Obst, Wohnung, ...
> Alle Wörter, die dazu passen, heißen **Unterbegriffe**: Zitrone, Apfel; Küche, Bad, ...
> Zu vielen Unterbegriffen kannst du wieder neue Wörter finden: sauer, süß, lecker, ...

2 Bringe die Wörter in eine sinnvolle Reihenfolge
und schreibe sie ins Heft.

2) Jahr ...
↓ ... ↑ ...
↓ ... ↑ ...
↓ ... ↑ ...
↓ ... ↑ ...
↓ ... ↑ ...
↓ ... ↑ Buchstabe

Monat Stunde Sekunde
Woche Jahr Tag Minute

Wort Kinderbuch Buchstabe
Seite Absatz Kapitel Satz

Kaninchen Ameise Schaf
Elefant Maus Pferd Hund

Gesicht Bauch Haare
Fuß Hals Brust Bein

Wörter Wortfeldern zuordnen
Fachbegriffe *Oberbegriff* und *Unterbegriff* kennenlernen
Wörter in semantischen Reihen ordnen

Oberbegriffe und Unterbegriffe zuordnen

1 Ordne die Nomen
den Oberbegriffen zu
und schreibe sie nach
Wortfeldern geordnet ins Heft.

1) Musikinstrumente	Gewässer	Möbel	Werkzeuge
Geige			

Geige   Säge   Klavier

Bohrmaschine   See   Bett

Sessel   Teich   Gitarre

Hammer   Bach   Tisch

2 Finde zu jedem Oberbegriff von Aufgabe 1
noch jeweils zwei Unterbegriffe
und ergänze sie im Heft.

3 Ersetze die Unterbegriffe
durch passende Oberbegriffe.
Schreibe die Sätze
mit den Oberbegriffen ins Heft.

3a) Auf dem Markt kann man
Gemüse kaufen.
b)

a) Auf dem Markt kann man Tomaten, Karotten, Kohl und Gurken kaufen.

b) In Birnen, Äpfeln, Kiwis, Pflaumen und Zitronen sind viele Vitamine.

c) Wir wollen Spatzen, Finken, Meisen und Amseln beobachten.

d) Ich spiele gern mit Autos, Treckern, Baggern und Rennwagen.

e) Lisa legt Messer, Gabeln, Teelöffel und große Löffel auf den Tisch.

4 Schau dir mit einem Partner die Bilder an.
Überlegt, wann Oberbegriffe nützlich sind.

Oberbegriffen Unterbegriffe zuordnen und nach Wortfeldern ordnen
Passende Unter- und Oberbegriffe finden
Den Nutzen von Oberbegriffen erkennen und verbalisieren

AH S. 8–9

Merkmale von Nomen festigen, ...

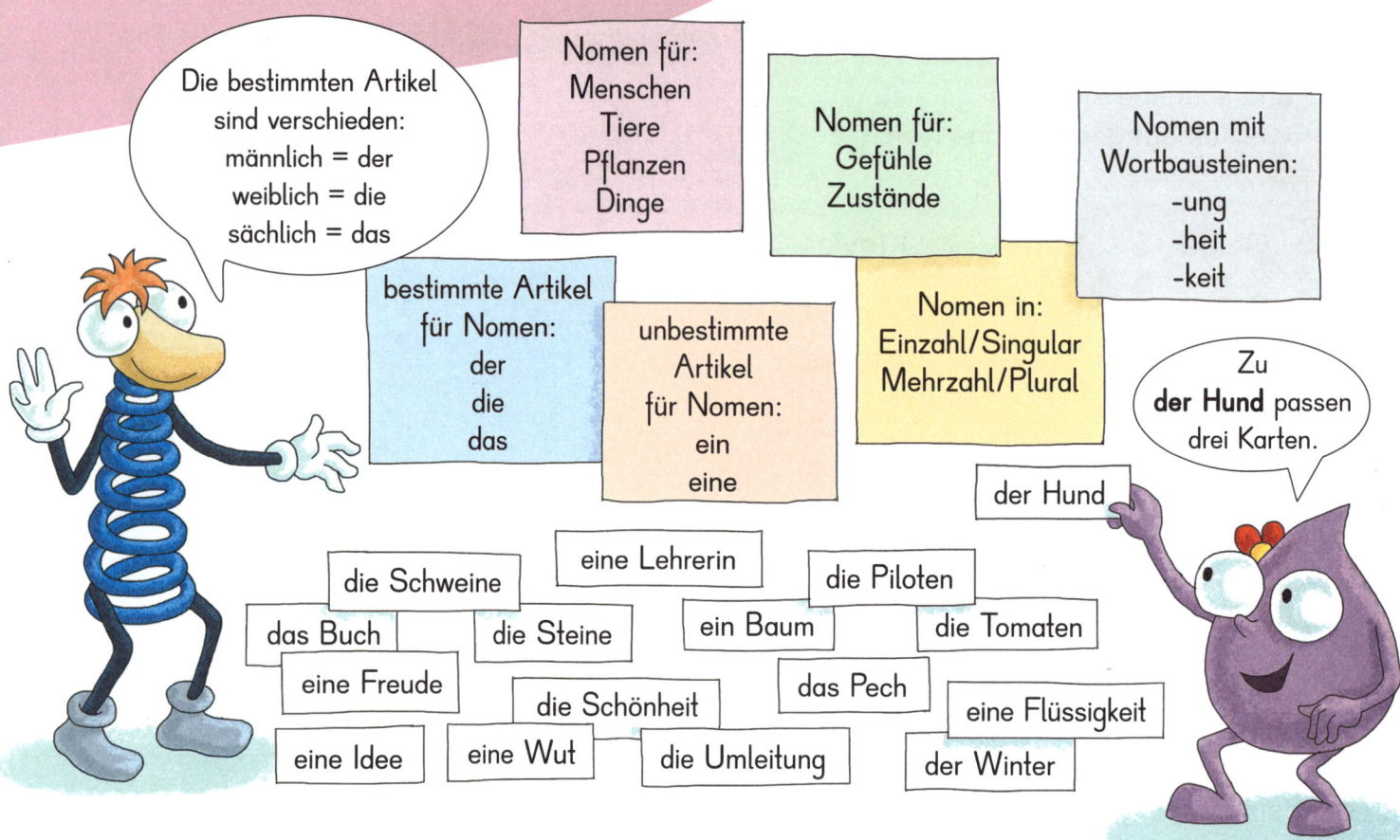

Die bestimmten Artikel sind verschieden:
männlich = der
weiblich = die
sächlich = das

Nomen für:
Menschen
Tiere
Pflanzen
Dinge

Nomen für:
Gefühle
Zustände

Nomen mit Wortbausteinen:
-ung
-heit
-keit

bestimmte Artikel für Nomen:
der
die
das

unbestimmte Artikel für Nomen:
ein
eine

Nomen in:
Einzahl/Singular
Mehrzahl/Plural

Zu **der Hund** passen drei Karten.

der Hund

die Schweine — eine Lehrerin — die Piloten
das Buch — die Steine — ein Baum — die Tomaten
eine Freude — die Schönheit — das Pech
eine Idee — eine Wut — die Umleitung — eine Flüssigkeit — der Winter

1 Suche dir einen Partner.
Überlegt abwechselnd, welche Karten zu den einzelnen Nomen passen.
Manchmal passen mehrere Karten.

Nomen schreibst du **groß**.
Nomen können im **Singular** und im **Plural** stehen: ein Auto, viele Autos.
Bestimmte Artikel von Nomen sind der (männlich), die (weiblich), das (sächlich).
Unbestimmte Artikel von Nomen sind ein, eine.
Nomen können **Wortbausteine** am Ende haben: -ung, -heit, -keit.

Singular ist Einzahl.
Plural ist Mehrzahl.

2 Zeige einem Partner die Nomen
zu den passenden Merkmalen.

ein Koch   das Auto   die Heizungen   die Rose   eine Krankheit   der Schmerz

bestimmter weiblicher Artikel, Singular, Pflanze

bestimmter sächlicher Artikel, Singular, Ding

bestimmter Artikel, Plural, Ding, Wortbaustein -ung

bestimmter männlicher Artikel, Singular, Gefühl

unbestimmter männlicher Artikel, Singular, Mensch

unbestimmter weiblicher Artikel, Singular, Zustand, Wortbaustein -heit

Fachbegriffe *männlich, weiblich, sächlich* für das grammatische Geschlecht kennenlernen
Nomen unterschiedlichen Merkmalen zuordnen
Fachbegriffe zu Nomen wiederholen und die Wortart festigen

... entdecken und anwenden

der Rock — das Röckchen		der Hund — das Hündlein	
die Jacke — das Jäckchen		die Schnecke — das Schnecklein	
das Kleid — das Kleidchen		das Lamm — das Lämmlein	

> Man kann aber auch **Röcklein** oder **Hündchen** sagen.

3 Sprich mit einem Partner über die Veränderungen bei den Nomen und den Artikeln.

> Durch die **Wortbausteine** -chen und -lein kannst du aus Nomen die Verkleinerungsform oder Verniedlichungsform bilden: das Jäckchen, das Entlein, …
> Der bestimmte Artikel von Nomen mit -chen und -lein ist immer das.

4 Bilde Nomen mit dem Wortbaustein -**chen** oder -**lein** und schreibe sie mit Artikel ins Heft. Markiere die Veränderungen in den Wörtern mit dem Wortbaustein.

> 4) der Mund — das Mündchen

der Mund	der Affe
der Wald	die Tasse
der Hut	die Nase
das Haus	die Puppe
der Topf	die Katze

> Bei manchen Wörtern mit -**chen** und -**lein** verändern sich Buchstaben oder es fallen Buchstaben weg.

5 Schreibe Sätze zu zwei Wortpaaren aus Aufgabe 4 ins Heft. Markiere in deinen Sätzen die Nomen.

> 5) …

6 Sprich mit einem Partner über die Wirkung der Nomen.

> Zicklein, Schweinchen, Schäfchen, …

> Ziege, Schwein, Schaf, …

Nomen mit den Wortbausteinen -*chen* und -*lein* kennenlernen und bilden
Sätze zu Nomen und Nomen mit Wortbaustein -*chen* oder -*lein* bilden
Semantische Veränderungen bei Nomen durch Wortbausteine kennenlernen

Nomen ordnen und verändern

1 Schreibe die Nomen
mit bestimmtem Artikel
geordnet ins Heft.

Vogel	Tafel	Blatt
Vater	Schaf	Suppe
Zaun	Bank	Stein
Kind	Ohr	Blume

1) männlich	weiblich	sächlich
der Vogel		

Aus **der Vogel**
wird **das Vögelchen**.

2 Suche dir einen Partner.
Verändert die Nomen von Aufgabe 1
mit den Wortbausteinen **-chen** oder **-lein**.
Setzt vor jedes Nomen den Artikel
und sprecht sie euch vor.

3 Lies den Text halblaut und setze die Nomen
oder die Nomen mit dem Wortbaustein **-chen** oder **-lein** ein.

Als ein Riese ins Land der Zwerge kam, wunderte er sich sehr.

Hier gab es keine großen  , sondern

nur klitzekleine  . Der Riese kam an einem

winzigen vorbei. Er musste sich bücken,

um durch das kleine zu schauen. Zu Hause

im Riesenland hatte seine Familie einen großen

und jeder Riese hatte einen .

In dem Zwergenzimmer stand ein kleines

und darauf standen niedliche   und  .

Der Riese dachte: „Zum Glück sind die bei uns größer.

Sonst würde ich nicht satt werden."

4 Einige Tiere werden durch die Wortbausteine
-chen oder **-lein** zu Kosewörtern.
Suche Beispiele und schreibe sie ins Heft:
du kleines Mäuschen, …

Nomen dem grammatischen Geschlecht zuordnen
Nomen mit den Wortbausteinen -chen oder -lein verändern und einsetzen
Kosewörter mit -chen oder -lein aufschreiben

Merkmale von Nomen anwenden

1 Schreibe die Nomen geordnet ins Heft.

> der Baum   die Begeisterung
>
> ein Vögelchen   die Liebe
>
> das Fahrrad   die Einsamkeit
>
> der Koch   eine Hitze   die Affen

> 1) Menschen: der Koch
>
> Tiere:
>
> Pflanzen:
>
> Dinge:

2 Zeige einem Partner die Nomen von Aufgabe 1, die zu den Merkmalen passen.

bestimmter männlicher Artikel, Singular, Mensch	bestimmter sächlicher Artikel, Singular, Ding	bestimmter weiblicher Artikel, Singular, Gefühl
bestimmter Artikel, Plural, Tier	bestimmter weiblicher Artikel, Singular, Wortbaustein -keit	unbestimmter sächlicher Artikel, Singular, Tier, Wortbaustein -chen
bestimmter männlicher Artikel, Singular, Pflanze	bestimmter weiblicher Artikel, Singular, Wortbaustein -ung	unbestimmter weiblicher Artikel, Singular, Zustand

3 Lies die Sprechblasen und schreibe mögliche Nomen mit Artikel ins Heft.

a) Ich suche ein Nomen im Singular. Es soll ein Wort für ein Tier sein und einen unbestimmten Artikel haben.

b) Mein Nomen soll sächlich sein und der Name für ein Ding sein. Das Nomen soll mit Artikel im Plural stehen.

c) Gesucht ist ein Nomen mit weiblichem unbestimmtem Artikel im Singular. Es soll eine Pflanze sein.

d) Mein Nomen soll für ein Gefühl im Singular stehen und den Artikel **die** haben.

e) Mein Nomen hat einen männlichen Artikel im Singular und steht für einen Zustand.

f) Gesucht ist ein Nomen mit einem sächlichen Artikel im Singular und dem Wortbaustein **-chen**. Bei dem Nomen handelt es sich um ein Ding.

Nomen und bestimmte Artikel identifizieren
Nomen vorgegebenen Merkmalen zuordnen
Zu vorgegebenen Merkmalen Nomen finden

3
4

AH S. 10

9

Pronomen kennenlernen ...

> Die Namen und Nomen kommen zu oft vor.

Melek hat einen neuen Ball.
Der Ball hat rote Punkte.
Jetzt will Melek mit Ole spielen.
Melek wirft Ole den Ball zu.
Ole fängt den Ball auf und lacht.

er
sie
ihm
ihn

1 Lies den Text oben im Bild.
Ersetze die Namen und Nomen durch die Wörter im Kasten.
Lies den Text dann einem Partner vor.

> **Pronomen** sind Wörter, die Namen und Nomen ersetzen:
> ich, du, er, sie, es, wir, ihr, sie.
> Andere Pronomen sind: mir, mich, dir, dich, sich, ihm, ihn, ihr, uns, euch, ihnen, ...

2 Lies die Sprechblasen halblaut
und setze die passenden Pronomen ein.

du ihr sie ich er sie wir es

> Gleich besuchen **wir** Oma und Opa. Willst ▢ nicht mitfahren?

> Doch! Und ▢ kommt auch mit.

> Opa ist super. Immer macht ▢ tolle Sachen mit uns.

> Das Geschenk fehlt noch. Holst du ▢ bitte? Auf den Küchentisch habe ▢ es gelegt.

> Jetzt müsst ▢ euch anschnallen. Sonst fahre ich nicht los!

> Ich habe noch Blumen für Oma und Opa. Da werden ▢ sich freuen.

Pronomen und ihre Funktion kennenlernen
Namen und Nomen durch Pronomen ersetzen
Pronomen in Sätze einsetzen

... und gebrauchen

3 Lies die Sätze einem Partner vor
und setze die passenden Pronomen ein.

> Am Satzanfang schreibst du groß.

| ich | mich | mir |

Mein Name ist Jule. **Ich** habe
einen Plüschhund. Meine Tante hat ihn ▮▮
geschenkt. Er beschützt ▮▮ in der Nacht.

| dich | du | dir |

Tante Doris sagt: „Für einen echten Hund bist ▮▮
noch zu jung. Den kann ich ▮▮ nicht schenken.
Die Verantwortung ist für ▮▮ zu groß."

| ihn | er | ihm |

Der Plüschhund heißt Kalle. ▮▮ ist ganz weich.
Ich habe ▮▮ ein Halsband genäht.
So kann ich ▮▮ nicht verlieren.

| uns | wir | uns |

▮▮ haben schon oft über ein Tier gesprochen.
Aber wir haben ▮▮ noch keins gekauft. Papa sagt:
„Wir müssen ▮▮ vorher auf Allergien testen lassen."

4 Schreibe die E-Mail
mit den passenden Pronomen ins Heft.

> 4) Hallo Tom,
> ich will dich fragen, ob ...

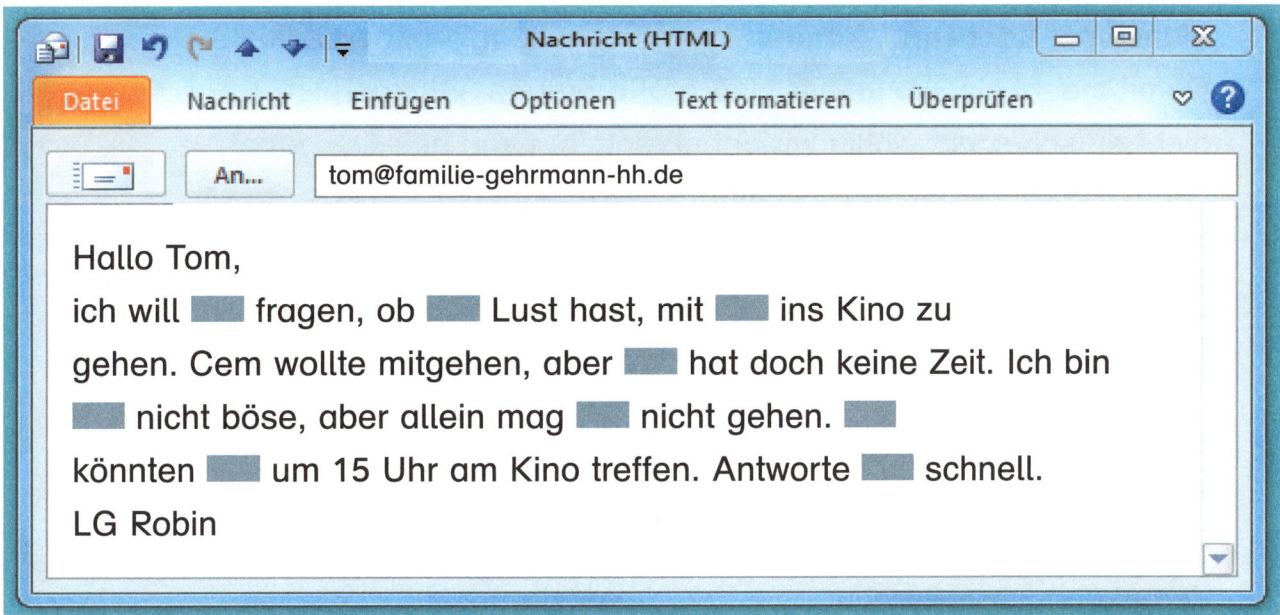

Nachricht (HTML)

Datei   Nachricht   Einfügen   Optionen   Text formatieren   Überprüfen

An...   tom@familie-gehrmann-hh.de

Hallo Tom,
ich will ▮▮ fragen, ob ▮▮ Lust hast, mit ▮▮ ins Kino zu
gehen. Cem wollte mitgehen, aber ▮▮ hat doch keine Zeit. Ich bin
▮▮ nicht böse, aber allein mag ▮▮ nicht gehen. ▮▮
könnten ▮▮ um 15 Uhr am Kino treffen. Antworte ▮▮ schnell.
LG Robin

Pronomen in Nominativ, Akkusativ und Dativ in Sätze einsetzen
Pronomen in unterschiedlichen Fällen in einen Text einsetzen

5
6

AH S. 11

11

Pronomen in Sätze einsetzen

1 Setze die Pronomen
mir, **mich** oder **dir**, **dich** ein.
Schreibe die Sätze ins Heft.

Ich wasche ▆▆ die Hose.

Ich wasche ▆▆.

Du schreibst ▆▆ einen Brief.

Du schreibst ▆▆ in die Liste ein.

Du kämmst ▆▆ die Haare.

Du kämmst ▆▆.

Ich ziehe ▆▆ eine Jacke an.

Ich ziehe ▆▆ an.

Ich male ▆▆ ein schönes Bild.

Ich male ▆▆ am Strand.

Ich höre ▆▆ in deinem Zimmer.

Ich höre ▆▆ gern zu.

Du siehst ▆▆ im Spiegel.

Du siehst ▆▆ das Kätzchen an.

Du bringst ▆▆ ein Buch mit.

Du bringst ▆▆ zur Bushaltestelle.

Wenn du **Wem ...?** fragen kannst,
setzt du **mir** oder **dir** ein:
Wem wasche ich die Hose?
Ich wasche **mir/dir** die Hose.

Wenn du **Wen oder was ...?** fragen kannst,
setzt du **mich** oder **dich** ein:
Wen wasche ich? Ich wasche **mich/dich**.

2 Lies den Text halblaut
und setze die Pronomen **mir** oder **mich** ein.

Manchmal fragt Oma ▆▆, ob wir einen Ausflug machen sollen.
Damit macht sie ▆▆ immer eine große Freude. Oft kann ich ▆▆
nicht entscheiden, wohin wir gehen sollen. Oma hilft ▆▆ dann
bei der Entscheidung und schlägt ▆▆ verschiedene Dinge vor.
Einmal hat sie ▆▆ auch überrascht.

3 Lies den Text halblaut
und setze die Pronomen **dir** oder **dich** ein.

Ich möchte ▆▆ gern etwas schenken. Ich weiß aber nicht genau,
was ▆▆ begeistern würde. Im letzten Jahr habe ich ▆▆ ein Buch gekauft,
aber Bücher langweilen ▆▆ zur Zeit. Ich sollte ▆▆ wohl fragen,
dann kann ich ▆▆ sicher eine Freude machen.

Pronomen in Mitteilungen gebrauchen

1 Lies den Brief einem Partner vor.
Setze dabei die Pronomen in den Brief ein.

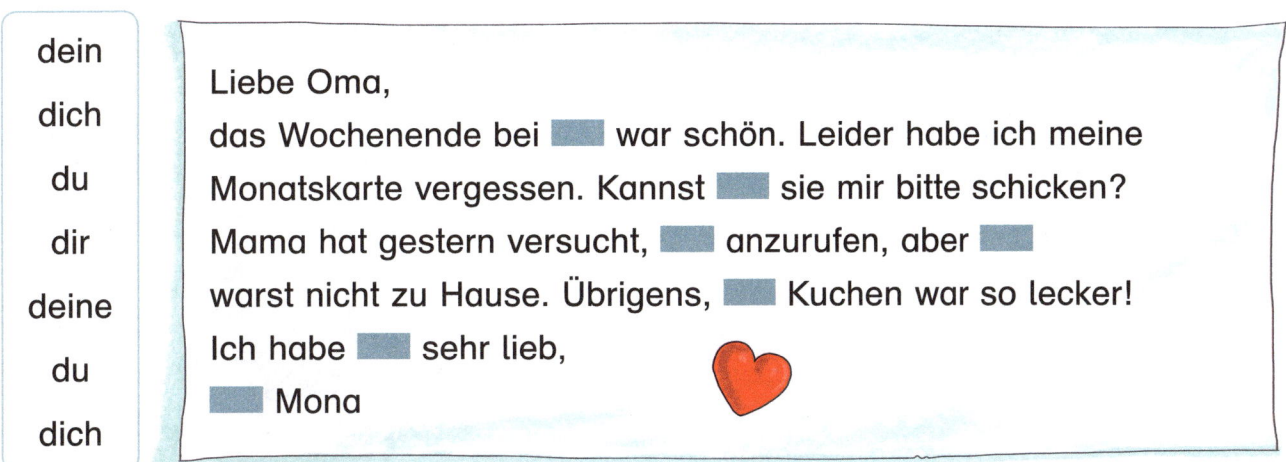

dein
dich
du
dir
deine
du
dich

Liebe Oma,

das Wochenende bei ___ war schön. Leider habe ich meine
Monatskarte vergessen. Kannst ___ sie mir bitte schicken?
Mama hat gestern versucht, ___ anzurufen, aber ___
warst nicht zu Hause. Übrigens, ___ Kuchen war so lecker!
Ich habe ___ sehr lieb,

___ Mona

2 Schreibe die E-Mail mit den passenden Pronomen ins Heft.

Ihr   Sie   Ihre
Ihnen   Ihr   Ihrem

2) Sehr geehrte …

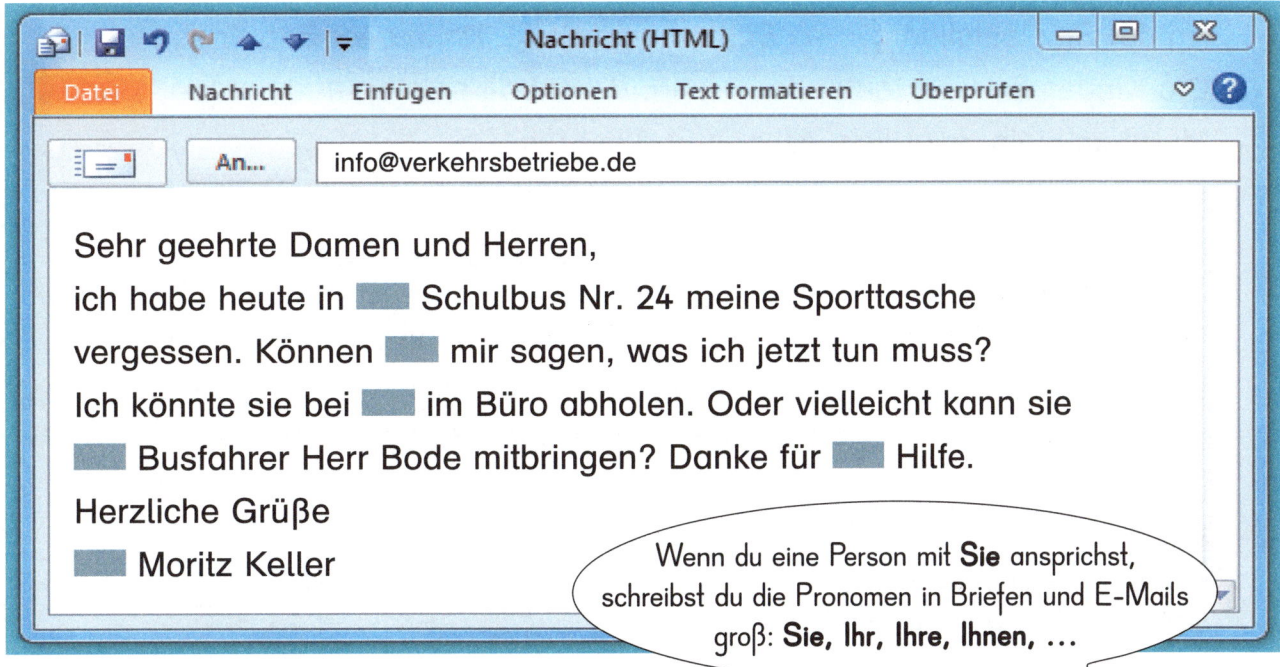

Nachricht (HTML)

Datei   Nachricht   Einfügen   Optionen   Text formatieren   Überprüfen

An...   info@verkehrsbetriebe.de

Sehr geehrte Damen und Herren,

ich habe heute in ___ Schulbus Nr. 24 meine Sporttasche
vergessen. Können ___ mir sagen, was ich jetzt tun muss?
Ich könnte sie bei ___ im Büro abholen. Oder vielleicht kann sie
___ Busfahrer Herr Bode mitbringen? Danke für ___ Hilfe.
Herzliche Grüße
___ Moritz Keller

> Wenn du eine Person mit **Sie** ansprichst, schreibst du die Pronomen in Briefen und E-Mails groß: **Sie, Ihr, Ihre, Ihnen, …**

3 Schreibe einen Brief an deinen Freund oder deine Freundin und lade sie oder ihn für das Wochenende ein: Liebe/Lieber …,
ich möchte …

4 Schreibe eine E-Mail an die Feuerwehr.
Frage, ob ihr beim Klassenfest ein Lagerfeuer
auf dem Schulhof machen dürft. Frage nach,
was ihr dabei beachten müsst: Sehr geehrte Damen und Herren,
wir möchten …

Anredepronomen in eine persönliche Mitteilung einsetzen
Höfliche Anredepronomen in einer formalen Mitteilung großschreiben
Mitteilungen schreiben und Anredepronomen verwenden

S1

Komma bei Aufzählungen ...

> Zu Beginn der Sportstunde bauen wir das Reck und das Trampolin und den Barren und den Schwebebalken und den Kasten auf.
> Die Kinder können beim Reck oder beim Trampolin oder beim Barren oder beim Schwebebalken oder beim Kasten beginnen.

*Immer **und** und **oder** hört sich nicht gut an.*

1 Erkläre einem Partner, wie du die Sätze oben im Bild verbessern kannst.

2 Lies die Sätze.
Mache bei jedem Komma eine Pause.

Du kannst Wörter aus verschiedenen Wortarten aufzählen.

An der Spielestation gibt es Bälle, lange Seile, Rollbretter und Frisbees.

Die Kinder müssen laufen, springen, Brennball spielen und werfen.

Murat ist klein, sportlich, schnell und sehr witzig.

> Zwischen Wörtern und Wortgruppen, mit denen du etwas **aufzählst**, setzt du ein **Komma**: Die Kinder in unserer Klasse heißen Luis, Meral, Bastian, Maja, ...
> Das sind die nette Meral, der schlaue Luis, die witzige Maja, ...
>
> Vor **und** und **oder** setzt du bei Aufzählungen **kein Komma**: Paolo, Sara, Felix und Merle lesen gern. Lene spielt oft mit Hannes, Büsra, Hakan oder Lasse.

3 Setze in den Text ein:
Kommas, **und** oder **oder**.
Schreibe den Text ins Heft.

> 3) In der Sporthalle gibt es Barren, ...

In der Sporthalle gibt es Barren Schwebebalken Kästen Klettergerüste.

Die Kinder in der Halle laufen springen balancieren werfen klettern.

Am Ende der Sportstunde fragt die Lehrerin:

„Wollt ihr Brennball Völkerball Fußball Handball spielen?"

4 Welche Gegenstände gibt es in deinem Zimmer, im Wohnzimmer, im Schlafzimmer und in der Küche?
Schreibe Sätze mit jeweils sechs Gegenständen ins Heft und denke an die Kommas.

> 4) In meinem Zimmer gibt es Bücher, ...

Das Satzzeichen *Komma* und dessen Funktion kennenlernen
Kommas in Aufzählungen betonen
Signalwörter *und* und *oder* für die Nichtverwendung von Kommas kennenlernen

... und vor Bindewörtern gebrauchen

5 Überlege mit einem Partner, mit welchen Wortkarten
ihr die Sätze oben im Bild verbinden könnt. Bildet Sätze.

> Du kannst Sätze mit **Bindewörtern** verbinden.
> Bindewörter sind: aber, als, bevor, da, damit, dass, denn, obwohl,
> nachdem, wenn, während, ...
> Vor Bindewörtern setzt du **ein Komma**.
> **Und** und **oder** sind auch Bindewörter. Vor diese Wörter setzt du aber **kein Komma**.

6 Schreibe die Sätze ins Heft.
Markiere in jedem Satz das Bindewort
und das Komma vor dem Bindewort.

> 6a) Moni hat gesagt,
> dass ...

a) Moni hat gesagt, dass sie den ganzen Tag bei ihrer Oma ist.

b) Irina geht ins Schwimmbad, obwohl sie Hausaufgaben machen muss.

c) Philipp kann nicht gut laufen, denn er hat sich den Fuß verstaucht.

d) Defne nimmt eine Flasche Wasser mit, wenn sie zum Training geht.

e) Daniel isst ein Brot, während er mit seinem Freund telefoniert.

7 Verbinde die Sätze mit dem Bindewort
und schreibe sie ins Heft.
Denke an das Komma vor dem Bindewort.

> 7) Selina fährt ...

weil	Selina fährt in die Stadt.	Sie will ihre Freundin treffen.
während	Papa bügelt die Wäsche.	Mama backt einen Kuchen.
damit	Jan heftet das Blatt in den Ordner.	Es geht nicht verloren.

Bindewörter und ihre Funktion kennenlernen
Kommas vor Bindewörtern markieren
Sätze mit Bindewörtern verbinden und die Satzstellung im Nebensatz verändern

AH S. 12–13

7

15

das und dass ...

1 Suche dir einen Partner.

2 Zeigt **das** in den Sätzen.
Ersetzt **das** durch **dieses**, **jenes** oder **welches**
und sprecht euch die Sätze abwechselnd vor.

Probiere aus, ob du
dieses, jenes, welches
einsetzen kannst:
dieses Haus, das geht!
Also: **das** Haus.

(dieses)

Das Haus an der Ecke gehört meinem Onkel.

Oma kann das Rezept für den Apfelkuchen nicht finden.

Gestern haben wir das Fußballspiel im Fernsehen gesehen.

Mein Onkel hat sich das bunte Hemd für den Urlaub gekauft.

Ich habe das lustige Buch von Monja geliehen.

Lisa kann das Kunststück mit dem Seil vorführen.

Das Pferd auf der Weide bekommt ein Fohlen.

3 Verbindet die Sätze mit **das**
und schreibt sie ins Heft.
Schreibt vor dem **das** ein Komma.
Probiert, ob ihr **das** durch **dieses**, **jenes**
oder **welches** ersetzen könnt.
Markiert **das** nach dem Komma.

> 3a) Jana kennt das Mädchen,
> <mark>das</mark> aus Spanien kommt.
> b) _____

(dieses)   (welches)

a) Jana kennt das Mädchen.   Das Mädchen kommt aus Spanien.

b) Bogdan mag das Buch.   Das Buch hat Oma ihm geschenkt.

c) Ich sehe das Auto.   Das Auto hält an der Ampel.

d) Max isst das Brot.   Das Brot hat Opa geschmiert.

e) Jan tröstet das Kind.   Das Kind ist von der Schaukel gefallen.

f) Suse kauft das Geschenk.   Das Geschenk bekommt Herr Krause.

4 Zeigt **dass** in den Sätzen. Versucht, **dass**
durch **dieses**, **jenes** oder **welches** zu ersetzen
und sprecht euch die Sätze abwechselnd vor.

Probiere aus, ob du
dieses, jenes, welches einsetzen kannst:
dieses ich immer ... , das geht nicht!
Also: **dass**, ein Bindewort.

(~~dieses, jenes, welches~~)

Ich finde es blöd, dass ich immer so aufgeregt vor Arbeiten bin.

Ich glaube, dass meine Mutter nächstes Mal mit mir üben wird.

Ich weiß, dass ich die Aufgaben genau lesen muss.

Ich bin sicher, dass meine Rechtschreibung besser werden wird.

Ich hoffe, dass ich dann eine gute Zensur bekommen werde.

das/dass als Artikel, Relativpronomen oder Bindewort kennenlernen
Sätze mit das verbinden und durch dieses, jenes, welches ersetzen
dass in Sätzen zeigen und die Ersetzung durch dieses, jenes, welches ausschließen

... unterscheiden

5 Setzt **das** oder **dass** in die Sätze ein.
Schreibt die Sätze ins Heft.

Mir gefällt dein Rätsel, ▢ du mir gegeben hast.

Ich konnte ▢ Rätsel lösen.

Ich wusste, ▢ ich das schaffen kann.

Es ist toll, ▢ du mir geholfen hast.

Ich hätte ▢ Fahrrad nicht allein reparieren können.

Wir benutzten Werkzeug, ▢ im Keller lag.

Verzeih mir, ▢ ich das gesagt habe.

Mir ist ▢ Schimpfwort einfach so rausgerutscht.

Ich finde mein Wort schlimm, ▢ ich zu dir gesagt habe.

> 5) Mir gefällt dein Rätsel,
> das ...

dieses, jenes, welches → **das**

~~dieses, jenes, welches~~ → **dass**

6 Markiert **das** in den Sätzen von Aufgabe 5.
Kontrolliert, ob ihr es durch **dieses**, **jenes** oder **welches** ersetzen könnt.

7 Erklärt euch gegenseitig, ob **das** oder **dass** in den Brief eingesetzt wird.
Es sind fünf **das** und drei **dass**.

> Liebe Oma,
>
> ich muss dir unbedingt ▢ Erlebnis von letzter Woche erzählen. Ich
> habe morgens so getrödelt, ▢ ich spät ▢ Haus verlassen
> habe. An der Haltestelle habe ich gemerkt, ▢ ich den Bus verpasst
> hatte. Plötzlich hielt ein Auto, ▢ mir bekannt vorkam. Meine
> Freundin Carla öffnete ▢ Fenster. Sie sagte: „Witzig, ▢ du
> auch zu spät bist!" Ich stieg in das Auto, ▢ ihrem Vater gehört.
> Bis bald,
> deine Noemi

8 a) Setzt **das** oder **dass** in den Satz ein.
Schreibt den Satz ins Heft.

Ich freue mich, ▢ ▢ Geschenk dir gefällt,

▢ ich dir mitgebracht habe.

b) Erklärt euch gegenseitig,
warum ihr **das** oder **dass** eingesetzt habt.

das/dass in Sätze einsetzen
dass als Bindewort erkennen
das und *dass* in einen Text einsetzen

Satzarten, Satzzeichen ...

1 Lies einem Partner vor, was die Personen sagen.
Beachte die Satzzeichen.
Sprecht darüber, was die Satzzeichen ausdrücken.

2 Schreibe die Sätze
zu der passenden Satzart ins Heft
und setze die Satzzeichen . ? ! ein.

2) Aussagesatz: Der ...

Der Zug fährt in den Bahnhof ein ■

Hurra ■

Wer setzt sich neben mich ■

Geh mal zur Seite ■

> Aussagesatz
> Fragesatz
> Ausrufesatz
> Aufforderungssatz

> Fragesätze beginnen häufig mit einem Fragewort:
> **Wo ...? Was ...? Wie ...?**
> **Wann ...? Warum ...?**
> Sie können auch mit einem Verb beginnen: Schläfst du?

> Am Ende von Sätzen müssen **Satzzeichen** stehen:
> In einem **Aussagesatz** erzählst oder berichtest du etwas.
> Hier steht ein **Punkt**: Die Sonne scheint. Mir geht es gut.
> In einem **Fragesatz** fragst du etwas.
> Hier steht ein **Fragezeichen**: Wo bist du? Was machst du?
> In einem **Ausrufesatz** rufst du etwas,
> in einem **Aufforderungssatz** erbittest oder forderst du etwas.
> In diesen Sätzen steht ein **Ausrufezeichen**: Toll! Komm her!

3 Setze Fragewörter oder Verben in die Sätze ein,
setze die Satzzeichen und schreibe die Sätze ins Heft.

3) Wann ...

wo	■ kommt Mama aus dem Büro ■
trinkst	■ du mir die Marmelade herüber ■
wann	■ habe ich nur meine Brille hingelegt ■
gibst	■ du aus einem Glas oder aus einer Tasse ■

Satzschlusszeichen wiederholen und Satzarten kennenlernen
Satzschlusszeichen setzen und Sätze Satzarten zuordnen
Fragen mit Fragewörtern oder Verben bilden

... und Redezeichen

Elif fragt : „ Wie alt bist du ? "	„ Wie alt bist du ? " , fragt Elif .
Mats sagt : „ Ich bin 9 Jahre alt . "	„ Ich bin 9 Jahre alt " , sagt Mats .
Elif fragt : „ Spielst du mit mir ? "	„ Spielst du mir mir ? " , fragt Elif .
Mats antwortet : „ Gern ! "	„ Gern ! " , antwortet Mats .

Der Begleitsatz kann an verschiedenen Stellen stehen.

4 Lies die beiden Gespräche oben im Bild.
Sprich mit einem Partner über die Unterschiede.

Wenn der **Begleitsatz vor** der **wörtlichen Rede** steht, setzt du einen **Doppelpunkt** nach dem Begleitsatz. 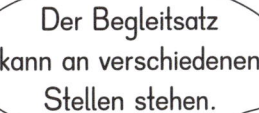 Maria fragt: „Hast du mir etwas mitgebracht?"

Wenn der **Begleitsatz nach** der **wörtlichen Rede** steht, setzt du nach der wörtlichen Rede ein **Komma**. Das Verb nach dem Komma schreibst du klein.
„Hast du mir was mitgebracht?", fragt Maria.
Wenn in der wörtlichen Rede ein Aussagesatz steht, fällt der Punkt weg.
„Ich habe dir Bonbons mitgebracht", sagt Kasim.

5 Schreibe das Gespräch ins Heft.
Setze alle Satzzeichen
und Redezeichen ein.

> 5) „Wie läuft es in der Schule?"...

◼ Wie läuft es in der Schule ◼ ◼ ◼ fragt Oma ◼

◼ Meistens ist es ganz gut ◼ ◼ antwortet Sören ◼

Oma fragt ◼ ◼ Was ist dein Lieblingsfach ◼ ◼

◼ Sport ◼ ◼ ◼ ruft Sören ◼

Oma schmunzelt ◼ ◼ Das kann ich gut verstehen ◼

Da gibt es auch keine Hausaufgaben ◼ ◼

In der wörtlichen Rede können auch mehrere Sätze stehen.

6 Unterstreiche in Aufgabe 5 die <u>Begleitsätze</u> blau
und die <u>wörtliche Rede</u> rot.

7 Schreibe ein Gespräch ins Heft.
Verwende Begleitsätze vor und nach der wörtlichen Rede.
Unterstreiche die <u>Begleitsätze</u> blau
und die <u>wörtliche Rede</u> rot.

Wirkung vor- und nachgestellter Begleitsätze untersuchen
Satzzeichen bei nachgestelltem Begleitsatz kennenlernen
Redezeichen und Satzzeichen in einen Dialog einsetzen

9
10

AH S. 14–15

S2

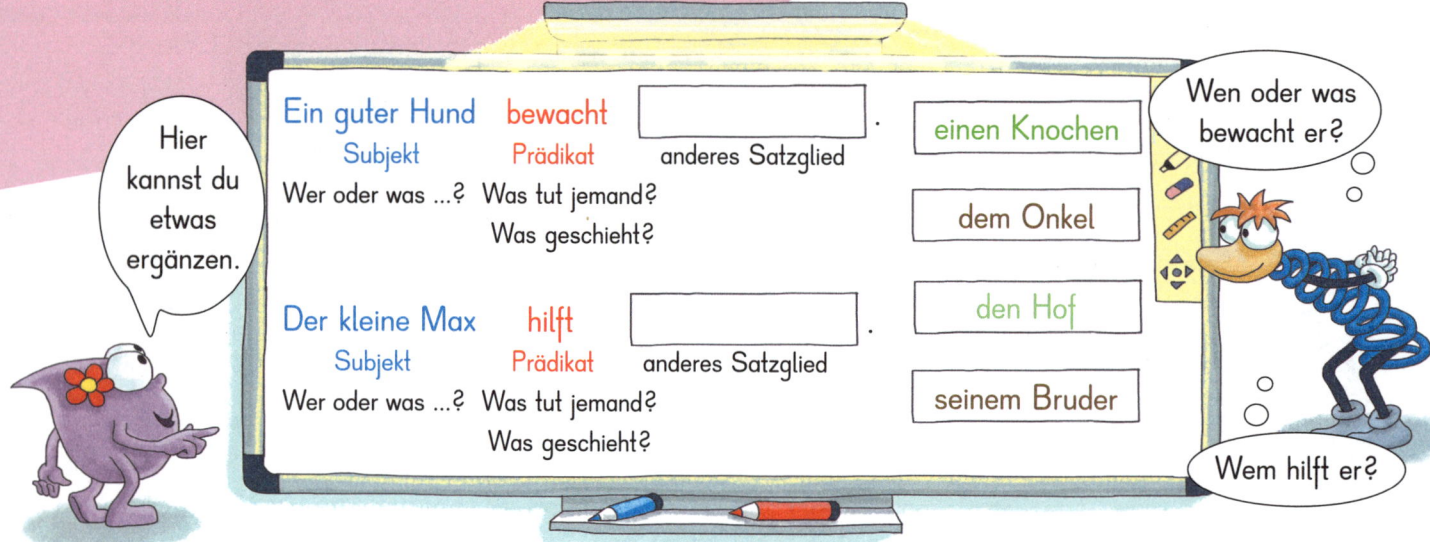

1 Schreibe die Sätze ins Heft.
Unterstreiche das Satzglied grün,
nach dem du mit **Wen oder was ...?** fragen kannst.

Ein guter Hund bewacht das Haus.
Ein guter Hund bewacht die Schafherde.
Ein guter Hund bewacht seine kleinen Welpen.

1) Ein guter Hund bewacht das Haus.

2 Schreibe die Sätze ins Heft.
Unterstreiche das Satzglied braun,
nach dem du mit **Wem ...?** fragen kannst.

Der kleine Max hilft Lena.
Der kleine Max hilft seinem Opa.
Der kleine Max hilft dem netten Nachbarn.

2) Der kleine Max hilft Lena.

> Objekte sind Satzglieder. Sie ergänzen den Satz und geben zusätzliche Informationen.
> Wenn du mit **Wen oder was ...?** fragen kannst, ist es ein **Akkusativobjekt**:
> Ein guter Hund bewacht den Hof. **Was** bewacht ein guter Hund? den Hof
> Wenn du mit **Wem ...?** fragen kannst, ist es ein **Dativobjekt**:
> Der kleine Max hilft dem Nachbarn. **Wem** hilft der kleine Max? dem Nachbarn

3 Bilde jeweils einen Satz.
Stelle die Frage nach dem Objekt.
Schreibe das Objekt ins Heft.

die Lehrerin   den Jungen   ruft

dem Vater   das Mädchen   gratuliert

3) Die Lehrerin ...
Wen ...
Akkusativobjekt:
...
Wem ...
Dativobjekt:

Objekte kennenlernen
Akkusativ- und Dativobjekte bestimmen
Fragen zum Bestimmen der Objekte formulieren

... und Ergänzungen der Zeit und des Ortes

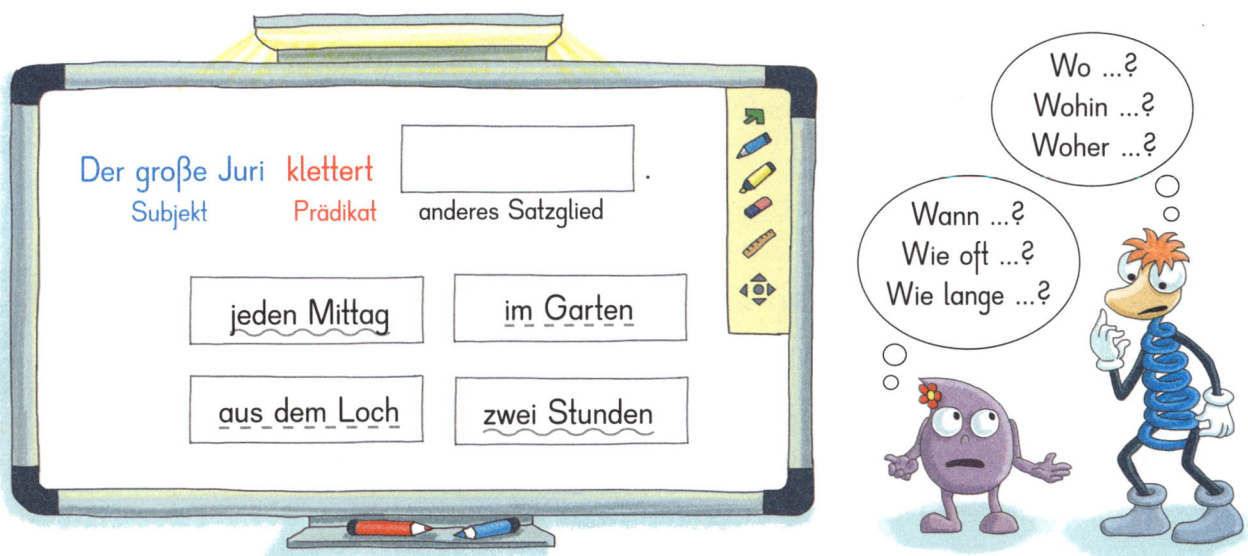

4 Sage einem Partner das Satzglied,
nach dem du mit **Wann ...? Wie oft ...? Wie lange ...?** fragen kannst.

Melissa wird nächsten Samstag in den Urlaub fahren.

Sie fliegt zwei Stunden mit einem Flugzeug.

Die Familie bleibt eine Woche in den Ferien.

5 Sage einem Partner das Satzglied,
nach dem du mit **Wo ...? Wohin ...? Woher ...?** fragen kannst.

Die Familie ist jeden Tag am Strand.

Einmal machen sie eine Bustour in die Berge.

Der Busfahrer kommt aus Berlin.

> Ergänzungen der Zeit und des Ortes sind Satzglieder.
> Sie ergänzen den Satz und geben zusätzliche Informationen.
> Wenn du mit **Wann ...? Wie oft ...? Wie lange ...?** fragen kannst, ist es
> eine Ergänzung der Zeit: Oma kommt Montag. **Wann** kommt Oma? Montag
> Wenn du mit **Wo ...? Wohin ...? Woher ...?** fragen kannst, ist es
> eine Ergänzung des Ortes: Oma ist im Kino. **Wo** ist Oma? im Kino

6 Schreibe die Sätze ins Heft.
Kennzeichne die Ergänzungen der Zeit
und die Ergänzungen des Ortes.

> 6) Mama liest jeden Samstag
> auf der Terrasse.

Mama liest jeden Samstag auf der Terrasse.

Nach zwei Stunden fährt sie in die Stadt.

Sie bringt immer leckeres Obst vom Markt mit.

Am letzten Samstag kam sie erst um 15 Uhr nach Hause.

Auf der Stadtautobahn gab es für 30 Minuten eine Sperrung.

Subjekt, Prädikat und Akkusativobjekt

1 Schreibe den Text ins Heft
und ergänze die Akkusativobjekte.

1) Meine Schwester …

> ihre Schildkröte   ein Gehege   Sina   Löwenzahn

Meine Schwester Sina füttert ▮ jeden Morgen.

Ihr Haustier frisst besonders gern ▮.

Im Sommer hat es ▮ im Garten.

Meine Schwester kümmert sich sehr gut um ihre Schildkröte.

Trotzdem hat das Tier ▮ schon einmal gebissen.

2 Ergänze mit einem Partner passende Satzglieder.

Subjekt	Prädikat	Akkusativobjekt
Unsere Lehrerin	holt	▮
▮	vergisst	den Termin.
Der Gast	▮	ein Glas Orangensaft.
Unsere Klasse	mag	▮

3 Schreibe die Sätze ins Heft.
Unterstreiche in den Sätzen
die <u>Subjekte</u> blau,
die <u>Prädikate</u> rot
und die <u>Akkusativobjekte</u> grün.

3) <u>Kadir</u> <u>isst</u> <u>einen saftigen Apfel</u>.

Kadir isst einen saftigen Apfel.

Unsere Nachbarin sucht ihren Autoschlüssel.

Mein Onkel hört eine CD von Mozart.

Einen spannenden Kriminalroman liest mein Opa.

Meine kleine Schwester braucht neue Gummistiefel.

Der Mechaniker repariert unser Auto.

Jeden Morgen nimmt Oma ihre Tablette.

Schon wieder sucht Papa den Autoschlüssel.

Subjekt: Wer oder was …?
Prädikat: Was tut jemand?
Was geschieht?
Akkusativobjekt: Wen oder was …?

4 Bilde Sätze mit den Satzgliedern
Subjekt, Prädikat und Akkusativobjekt.
Benutze die Prädikate **lesen**, **bekommen**, **bestellen** und **nehmen**
und schreibe ins Heft.

Akkusativobjekte in Sätze einsetzen
Subjekt, Prädikat und Akkusativobjekt semantisch stimmig ergänzen
Subjekt, Prädikat und Akkusativobjekt bestimmen

Subjekt, Prädikat und Dativobjekt

1 Schreibe den Text ins Heft
und ergänze die Dativobjekte.

> 1) Tante Sofie schenkt
> ihrer Nichte ...

dem Zauberer	ihrer Lieblingstante
allen Geburtstagskindern	ihrer Nichte

Tante Sofie schenkt ▮ eine Zirkuskarte zum Geburtstag.

Zum Dank gibt Anna ▮ einen Kuss.

Besonders ▮ schaut Anna gern zu.

Am Ende überreicht der Künstler ▮ einen Plüschhasen.

2 Ergänze mit einem Partner passende Satzglieder.

> **Subjekt:**
> Wer oder was ...?
> **Prädikat:**
> Was tut jemand?
> Was geschieht?
> **Dativobjekt:**
> Wem ...?

Subjekt	Prädikat	Dativobjekt
Dieses neue Fahrrad	gehört	▮
▮	gratuliert	dem Sieger.
Der freundliche Junge	▮	der alten Frau.
Der Schokoladenkuchen	schmeckt	▮

3 Schreibe die Sätze ins Heft.
Unterstreiche die <u>Subjekte</u> blau,
die <u>Prädikate</u> rot und die <u>Dativobjekte</u> braun.

> 3) <u>Mama</u> <u>vertraut</u> <u>mir</u> ...

Mama vertraut mir und meinem Bruder.

Der kleine Dackel folgt seinem Herrchen.

Meinem Onkel passt die karierte Hose.

Der Polizist glaubt dem Fußgänger.

Diese Mütze gehört dem Mädchen

aus der 4b.

> Subjekte und Objekte
> können als einteilige Ergänzungen
> aus einem Wort bestehen: **Mama**.
> Als mehrteilige Ergänzungen können
> sie aus mehreren Wörtern bestehen:
> **mir und meinem Bruder**.

4 Ergänze in den Sätzen passende Dativobjekte
und schreibe ins Heft.
Unterstreiche die <u>Subjekte</u> blau
und die <u>Prädikate</u> rot.

> 4) <u>Das grüne</u> ...

Das grüne Skateboard gehört ▮.

Pizza mit Salami und Tomaten schmeckt ▮ gut.

Der grüne Pullover gefällt ▮ nicht.

Die laute Musik wird ▮ schaden.

Dativobjekte in Sätze einsetzen
Subjekt, Prädikat und Dativobjekt semantisch stimmig ergänzen
Subjekt, Prädikat und Dativobjekt bestimmen

11
12

AH S. 16–17

S3

23

Futur und Perfekt kennenlernen

Ich backe jetzt einen Kuchen.

Ich backte früher gerne Kuchen aus Sand.

Ich werde morgen einen Kuchen backen.

Ich habe gerade einen Kuchen gebacken.

Mama hat bald Geburtstag!

1 Zeige einem Partner die Bilder, die zu den Sprechblasen passen.

Wer sagt denn hier was?

2 Schreibe die Zeitangaben passend zu den Verben ins Heft.

2) backe: im Moment

backe	in zwei Wochen
habe ... gebacken	im Moment
backte	vorhin
werde ... backen	vor sechs Jahren

Wenn etwas in der Zukunft passieren wird, gebrauchst du die Verben im **Futur**: Ich werde Kuchen backen. Wir werden schnell laufen. Du bildest das Futur mit **werden** und einem anderen Verb.

Wenn etwas gerade passiert ist, gebrauchst du die Verben im **Perfekt**: Ich habe Kuchen gebacken. Wir sind schnell gelaufen. Du bildest das Perfekt mit **haben** oder **sein** und einem anderen Verb.

3 Schreibe die Sätze ins Heft. Markiere die Verben in den verschiedenen Zeitformen. Futur und Perfekt bestehen aus zwei Verben.

3) Präsens: Ich spiele ...

Präsens: Ich spiele mit Papa im Wasser.
Perfekt: Ich habe mit Papa im Wasser gespielt.
Präteritum: Ich spielte mit Papa im Wasser.
Futur: Ich werde mit Papa im Wasser spielen.

Diese Zeitformen kennst du schon: Präsens ist Gegenwart: **ich spiele**. Präteritum ist Vergangenheit: **ich spielte**.

Futur und Perfekt kennenlernen und Präsens und Präteritum wiederholen
Zeitformen Zeitangaben zuordnen
Zeitformen Präsens, Perfekt, Präteritum und Futur erkennen

Verben im Futur bilden und einsetzen

1 Schreibe die Verben im Futur passend zu den Pronomen ins Heft.

> werden + essen

> werden + kommen

Futur ist Zukunft: Es **wird** noch **passieren**.

1) ich werde essen
du wirst
er wird
wir werden
ihr werdet
sie werden

2 Setze die Verben im Futur ein und schreibe die Sätze ins Heft.

2a) Ich werde dich ...

a)

| anrufen |
| verabreden |
| fahren |
| beobachten |
| spielen |

Ich ▭ dich nächste Woche ▭.

Wir ▭ uns dann in den Ferien ▭.

Meine Mutter ▭ mit uns in den Zoo ▭.

Dort ▭ wir die kleinen Bären ▭.

Die ▭ bestimmt miteinander ▭.

b)

| mieten |
| verreisen |
| übernachten |
| fahren |
| wandern |

Mein großer Bruder ▭ nächste Woche ein Auto ▭.

Er ▭ mit seinem besten Freund ▭.

Sie ▭ eine Nacht bei unserer Tante ▭.

Dann ▭ sie in die Berge ▭.

Dort ▭ die beiden jeden Tag ▭.

3 Lies den Text.
Zeige einem Partner die Verben im Präsens.

Am Samstag bleibe ich bei Oma. Ich mache dann
keine Hausaufgaben. Ich übe auch nicht für die Schule.
Oma fährt mit mir in die Stadt. Wir gehen ins Museum.
Später essen wir bestimmt ein Eis.
Ich bestelle Vanilleeis mit Schokoladensoße.
Oma nimmt einen Cappuccino.

Oft sprechen oder schreiben wir im Präsens und meinen die Zukunft.

4 Schreibe den Text von Aufgabe 3 im Futur ins Heft.

4) Am Samstag werde ich ...

Zu Pronomen Verben im Futur bilden
Verben im Futur in Sätze einsetzen
Einen Text aus dem Präsens ins Futur umformen und aufschreiben

 AH S. 18–19

25

Präsens, Präteritum, Perfekt und Futur ...

1 Nenne einem Partner die Verben in den Zeitformen passend zu den Pronomen.

Zeitform	spielen	malen	bauen
Präsens	ich spiele	ich male	ich ▬
Präteritum	ich spielte	ich ▬	▬ ▬
Perfekt	ich habe gespielt	ich ▬ ▬	▬ ▬ ▬
Futur	ich werde spielen	▬ ▬ ▬	▬ ▬

Zeitform	geben	sein	haben
Präsens	er gibt	er ▬	er ▬
Präteritum	er ▬	▬ ▬	▬ ▬
Perfekt	er ▬ ▬	▬ ▬ ▬	▬ ▬ ▬
Futur	er ▬ ▬	▬ ▬ ▬	▬ ▬ ▬

2 Setze die passenden Zeitformen in die Sätze ein.
Schreibe die Texte ins Heft.

> 2) Als ich ein Baby war , putzte ich
> mir nicht die Zähne. Heute ...

putze
putzte
habe ... geputzt
werde ... putzen

Als ich ein Baby war, ▬ ich mir nicht

die Zähne. Heute ▬ ich mir immer die Zähne,

bevor ich schlafen gehe. Ich will keinen Bonbon,

denn ich ▬ mir vorhin die Zähne ▬.

Auch auf der Klassenfahrt nächste Woche ▬

ich mir regelmäßig die Zähne ▬.

bin
war
bin ... gewesen
werde ... sein

Vor 30 Jahren ▬ mein Papa Schüler

dieser Schule. Jetzt ▬ ich Schüler der Klasse 4a.

Im nächsten Jahr ▬ ich nicht mehr

auf dieser Schule ▬. Bisher ▬

ich immer gern in der Schule ▬.

3 Markiere in Aufgabe 2 die Wörter,
die dir beim Einsetzen der Zeitform geholfen haben.

Verben in verschiedenen Zeitformen zu Pronomen bilden
Verben in der richtigen Zeitform in Sätze einsetzen
Signalwörter für Zeitformen markieren

... gebrauchen

4 Setze die Verben in den passenden Zeitformen
Präsens, Präteritum, Perfekt oder Futur ein.
Schreibe die Sätze ins Heft.

4) <mark>Früher</mark> wusch man ...

Früher ▭ man die Wäsche mit der Hand
   waschen

und man ▭ die Sahne mit einem Schneebesen.
      schlagen

Heute ▭ Maschinen diese Aufgaben.
    übernehmen

Die ▭ die Menschen vor 100 Jahren noch nicht.
   haben

Heute ▭ es in jedem Haushalt viele technische Geräte.
     geben

Jede Familie ▭ jetzt einen Kühlschrank und eine Waschmaschine.
       besitzen

Unsere Waschmaschine ▭ gestern ▭ .
            ausfallen

Darum ▭ Mama nun im Internet
    kaufen

eine neue Waschmaschine.

Die Firma ▭ die Waschmaschine
      liefern

in zehn Tagen ▭ .

5 Markiere im Text von Aufgabe 4 die Wörter,
die dir beim Einsetzen der Zeitformen geholfen haben.

6 Lies den Text einem Partner vor.
Setze dabei die Verben im Perfekt ein.

> Manchmal steht
> der Wortbaustein **ge-** im Perfekt
> in der Mitte des Verbs:
> ich habe aus<mark>ge</mark>trunken, ich habe
> auf<mark>ge</mark>gessen, ...

| einschlafen | ausstellen | aufräumen |
| einpacken | anschauen | vorlesen |

Gestern ▭ meine Schwester und ich das Kinderzimmer ▭ .

Meine Schwester ▭ die Bauklötze ▭ .

Nach dem Abendessen ▭ wir unsere Lieblingsserie ▭ .

Papa ▭ dann den Fernseher ▭ .

Er ▭ uns noch eine Geschichte ▭ .

Danach ▭ ich ganz schnell ▭ .

Verben in verschiedenen Zeitformen in einen Text einsetzen
Signalwörter für Zeitformen markieren
Verben mit Wortbausteinen ins Perfekt setzen

13
14

S4

27

Die Großschreibung erkennen

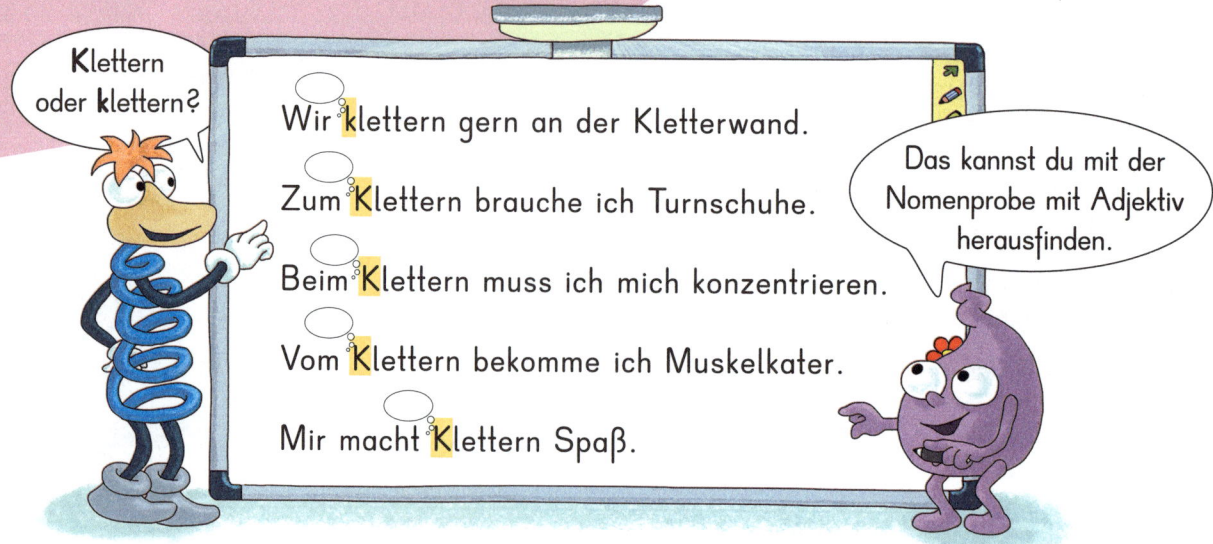

1 Mache mit einem Partner zu den Sätzen im Bild die Nomenprobe mit Adjektiv.
Erklärt euch gegenseitig, warum **klettern** klein und **Klettern** groß richtig geschrieben sind.

2 Mache die Nomenprobe mit Adjektiv.
Setze den richtigen Anfangsbuchstaben ein
und schreibe die Sätze ins Heft.

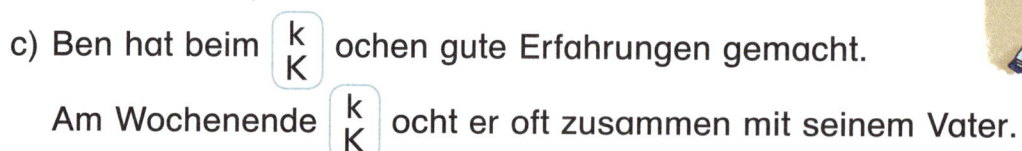

2) Beim Schaukeln ...

a) Beim $\frac{s}{S}$ chaukeln auf dem Spielplatz wird Alex schwindelig.

Aber zu Hause $\frac{s}{S}$ chaukelt er gern im Schaukelstuhl.

Beim
schnellen
Schaukeln ...

b) Nena und Jannik $\frac{l}{L}$ esen gern spannende Bücher.

Besonders im Bett macht $\frac{l}{L}$ esen Spaß.

c) Ben hat beim $\frac{k}{K}$ ochen gute Erfahrungen gemacht.

Am Wochenende $\frac{k}{K}$ ocht er oft zusammen mit seinem Vater.

d) Lukas und Ida $\frac{s}{S}$ chreiben am liebsten Geschichten mit Tieren.

Sie haben mit dem $\frac{s}{S}$ chreiben schon in Klasse 1 angefangen.

> Wenn du ein Adjektiv vor ein Wort setzen kannst, dann ist es ein Nomen
> und du schreibst es **groß**. Das gilt auch für Verben, die du dann großschreibst:
> Ich lese gern. Beim (leisen) Lesen kann ich mich entspannen.

3 Schreibe zu den Verben **bauen**, **malen** und **stehen** jeweils zwei Sätze ins Heft.
Die Verben sollen einmal kleingeschrieben und einmal großgeschrieben werden.

15

Die Nomenprobe mit Adjektiv bei nominalisierten Verben kennenlernen
Die Nomenprobe mit Adjektiv bei nominalisierten Verben anwenden

Die Nomenprobe mit Adjektiv bei Verben

1 Mache die Nomenprobe mit Adjektiv
bei den blauen Wörtern
und schreibe sie ins Heft.

1) zum guten **S**chlafen

| laut | gut | fleißig | schnell | leise | lang |

Mark braucht zum Schlafen den Teddy.
Tom hat vom Wandern Muskelkater.
Susi ist gestern beim Laufen gestürzt.
Lara wird beim Arbeiten beobachtet.
Mehdi tut der Bauch vom Lachen weh.
Oma wird beim Lesen schnell müde.

Nach **beim, vom**
und **zum** schreibst du
die Verben groß.

2 Markiere die Anfangsbuchstaben der blauen Wörter in Aufgabe 1.

3 Formuliere die Sätze so um,
dass aus den blauen Verben Nomen werden.
Schreibe die Sätze ins Heft und markiere
den Anfangsbuchstaben der blauen Wörter.

3) Das **B**etreten des
Rasens ist verboten.

Den Rasen
darf man nicht
betreten.

Während der
Tiershow soll man
nicht telefonieren.

Mit der Nomenprobe
mit Adjektiv kannst du erkennen,
wie das Verb geschrieben wird:
Das kurze **B**etreten …

Man darf
die Tiere
nicht füttern.

Man darf
Haustiere nicht
mitbringen.

4 Mache die Nomenprobe mit Adjektiv im Kopf.
Schreibe den Text ins Heft ab
und setze den kleinen oder den großen
Anfangsbuchstaben ein.

4) Die Schüler der
Klasse 4a wandern …

Die Schüler der Klasse 4a (W/w) ▓andern zum Bauernhof. Das (W/w) ▓andern
ist nur auf den Wegen erlaubt. Einige Kinder (R/r) ▓ennen voraus.
Sie bekommen rote Köpfe vom (L/l) ▓aufen. Unterwegs (S/s) ▓ehen sie
Bullen, die auf einer Wiese (G/g) ▓rasen. Das (B/b) ▓etreten der Bullenwiese ist
strengstens verboten. Die Bullen darf man nicht (S/s) ▓treicheln. Aber auf dem
Bauernhof ist das (A/a) ▓nfassen der Tiere erlaubt. Da lohnt sich
das (W/w) ▓aschen vor dem (E/e) ▓ssen.

Die Nomenprobe mit vorgegebenen Adjektiven bei nominalisierten Verben durchführen
Sätze so umformulieren, dass Verben zu Nomen bzw. nominalisierten Verben werden
Die Nomenprobe mit Adjektiv anwenden

16
17

AH S. 20–21

29

Zusammengesetzte Wörter untersuchen

Ich habe Wörter aus vielen Wörtern zusammengesetzt.

die Baumhausstrickleiter
der Fußballweltmeister
das Apfelkuchenblitzrezept

Ich kann die einzelnen Wörter erkennen.

1 Aus welchen Wörtern sind die Nomen im Bild zusammengesetzt?
Schreibe die Wörter ins Heft und ziehe Striche.

1) die Baum|haus|...

2 Schreibe die einzelnen Nomen von Aufgabe 1 mit bestimmtem Artikel ins Heft.

2) der Baum, das ...

> Wenn du **Wörter zusammensetzt**,
> kannst du genauer sagen, was du meinst:
> *das Haus → das Baumhaus, neu → nagelneu,*
> *tanzen → bauchtanzen, ...*
>
> Zusammengesetzte Wörter
> bestehen aus **Grundwort** und **Bestimmungswort**.
> Das Grundwort steht hinten: Baum**haus**, nagel**neu**, bauch**tanzen**, ...
> Das Bestimmungswort bestimmt das Grundwort genauer
> und steht vorn: **Baum**haus, **nagel**neu, **bauch**tanzen, ...

Ob du ein zusammengesetztes Wort groß- oder kleinschreibst, richtet sich nach dem Grundwort: **Bauchnabel**, aber **bauchtanzen**.

3 Bilde zusammengesetzte Adjektive mit den Bildern und den Adjektiven. Schreibe sie ins Heft.

3) nagelneu,

| scharf | bleich | leicht | rot | neu | grau | hoch |

4 Bilde aus den Wörtern zusammengesetzte Verben und schreibe sie ins Heft.

4) bauchtanzen,

| Bauch | rechnen |
| Kopf | tanzen |

| Leid | laufen |
| Eis | tun |

Zusammengesetzte Nomen aus vielen Nomen kennenlernen
Zusammengesetzte Adjektive aus Nomen und Adjektiv kennenlernen
Zusammengesetzte Verben aus Nomen und Verb kennenlernen

Zusammengesetzte Adjektive bilden

1 Finde zu den Nomen die passenden Adjektive und schreibe die zusammengesetzten Adjektive ins Heft.

Haus	dumm
Blitz	schön
Stroh	hoch
Bild	trocken
Staub	schnell

Zusammengesetzte Adjektive schreibst du klein: **haushoch**.

1) haushoch,

2 Suche dir einen Partner.
Lest die Sätze und sprecht darüber, wie die Sätze wirken.

> Er fuhr mit seinem neuen Fahrrad durch die dunkle Nacht.
> Er fuhr mit seinem nagelneuen Fahrrad durch die stockdunkle Nacht.

> Das Wasser war kalt und er sprang mutig hinein.
> Das Wasser war eiskalt und er sprang todesmutig hinein.

3 Bilde zusammengesetzte Adjektive aus Teilen des Satzes und schreibe die Sätze ins Heft.

Diese Schokolade ist so weich wie Butter.
Bei dem Gewitter war es hell wie am Tag.
Meine Daunenjacke ist blau wie der Himmel.
Das Auto fuhr schnell wie ein Blitz um die Kurve.
So süß wie Honig schmeckt diese Melone.

3) Diese Schokolade ist butterweich.

4 Bilde mit den Bildern und Adjektiven in den Sätzen zusammengesetzte Adjektive.
Schreibe die zusammengesetzten Adjektive ins Heft.

4) steinreich,

 Der Besitzer der Villa ist ein reicher Mann.

 Damir hat ein zahmes Kaninchen.

 Der Gewichtheber ist ein starker Mann.

 Da fliegt ein gelber Schmetterling.

Zusammengesetzte Adjektive aus Nomen und Adjektiven bilden
Die Wirkungsweise zusammengesetzter Adjektive erkennen
Zusammengesetzte Adjektive mithilfe von Sätzen und Bildern bilden

18   AH S. 22–23

31

Nomen in den vier Fällen ...

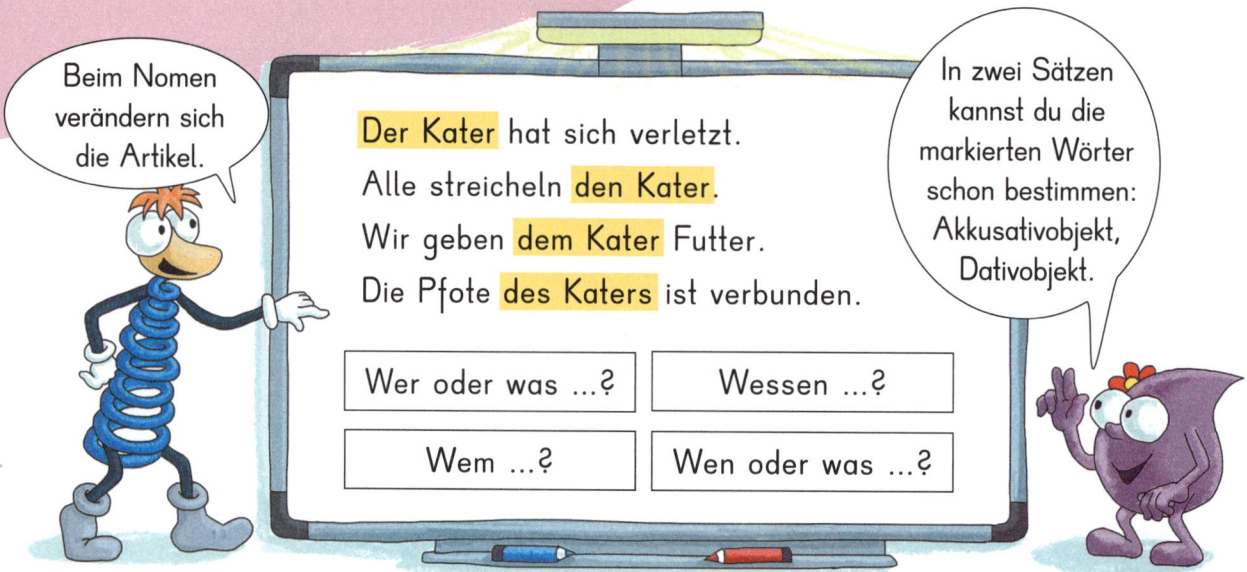

Beim Nomen verändern sich die Artikel.

Der Kater hat sich verletzt.
Alle streicheln den Kater.
Wir geben dem Kater Futter.
Die Pfote des Katers ist verbunden.

| Wer oder was ...? | Wessen ...? |
| Wem ...? | Wen oder was ...? |

In zwei Sätzen kannst du die markierten Wörter schon bestimmen: Akkusativobjekt, Dativobjekt.

1 Überlege mit einem Partner, welche Nomen mit Artikel zu welcher Frage passen.

2 Lies die Fragen nach den Nomen. Nenne einem Partner die Antworten mit dem passenden Artikel.

der Hund	dem Hund
den Hund	des Hundes

Wer oder was hatte einen Unfall?   ▬ hatte einen Unfall.

Wen sehen die Kinder?   Die Kinder sehen ▬.

Wem helfen die Kinder?   Die Kinder helfen ▬.

Wessen Bein ist verletzt?   Das Bein ▬ ist verletzt.

> Nomen können in Sätzen in vier Fällen stehen. Sie haben dann verschiedene Artikel.
> Wenn du mit **Wer oder was ...?** fragen kannst, ist es der **Nominativ**: *der Kater*
> Wenn du mit **Wen oder was ...?** fragen kannst, ist es der **Akkusativ**: *den Kater*
> Wenn du mit **Wem ...?** fragen kannst, ist es der **Dativ**: *dem Kater*
> Wenn du mit **Wessen ...?** fragen kannst, ist es der **Genitiv**: *des Katers*

3 Schreibe die Fragesätze zu den markierten Nomen ins Heft.

Der Junge ist traurig.

Alle respektieren den Jungen.

Kevin will dem Jungen helfen.

Die Jacke des Jungen ist zerrissen.

3) Wer oder was ist traurig?

Nomen in den vier Fällen kennenlernen
Nomen in den vier Fällen ergänzen
Zu den vier Fällen Fragesätze formulieren

... kennenlernen

4 Formuliere die Fragen zu den Sätzen.
Schreibe die passenden Nomen mit Artikel ins Heft.

> 4a) Nominativ: der Mann
> Akkusativ: _____
> Dativ: _____
> Genitiv: _____

a) **der** Mann – Nomen ist **männlich**

Der Mann hat einen Hund. Wer oder was ...?

Ich sehe den Mann im Park. Wen oder was ...?

Der Hund gehorcht dem Mann. Wem ...?

Der Hund des Mannes ist groß. Wessen ...?

> Die Artikel von Nomen in den vier Fällen hängen davon ab, ob das Nomen männlich, weiblich oder sächlich ist.

b) **die** Frau – Nomen ist **weiblich**

Die Frau kauft ein Kleid. Wer oder was ...?

Der Verkäufer berät die Frau. Wen oder was ...?

Das neue Kleid steht der Frau gut. Wem ...?

Das Kleid der Frau ist rot. Wessen ...?

c) **das** Auto – Nomen ist **sächlich**

Das Auto steht in der Garage. Wer oder was ...?

Der Mann wäscht das Auto. Wen oder was ...?

Das Taxi folgt dem Auto. Wem ...?

Die Tür des Autos ist verbeult. Wessen ...?

 **5** 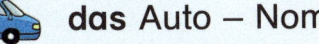 Markiere in Aufgabe 4 die Artikel vor den Nomen.

Durch Fragesätze Nomen in den vier Fällen identifizieren
Ein männliches, weibliches und sächliches Nomen in den vier Fällen verwenden

Akkusativ, Dativ und Genitiv ...

1 Setze den Artikel passend zum Nomen im **Akkusativ** ein.
Lies die Sätze einem Partner vor.

Der Junge spielt im Haus. Die Mutter sieht **den** Jungen.

Am Zaun bellt der Hund. Der Mann streichelt ▭ Hund.

Der Garten ist voller Blumen. Ich gehe durch ▭ Garten.

Die Frau sitzt auf der Bank. Ich kenne ▭ Frau gut.

Im Korb liegt die Zeitung. Der Mann nimmt sich ▭ Zeitung.

Die Idee ist mir wichtig. Mein Freund ist gegen ▭ Idee.

Dort steht das Fahrrad. Ali will ▭ Fahrrad putzen.

Das Chaos ist schlimm. Ich beseitige ▭ Chaos.

Das Pferd steht im Stall. Zoe holt Futter für ▭ Pferd.

> Nach dem Akkusativ fragst du mit: **Wen oder was ...?**

2 Setze den Artikel passend zum Nomen im **Dativ** ein.
Schreibe die Sätze ins Heft.

> 2) Der Mann ...

Der Mann hat Geburtstag. Die Frau schenkt ▭ Mann Blumen.

Auf dem Balkon sitzt der Opa. Die Kinder winken ▭ Opa.

Der Lichtstrahl ist hell. Wir folgen ▭ Lichtstrahl.

Die Lehrerin erzählt etwas. Ich höre ▭ Lehrerin zu.

Die Neugier ist groß. Sie will ▭ Neugier nicht nachgeben.

Die Katze hat sich verletzt. Wir gehen mit ▭ Katze zum Arzt.

Das Mädchen isst Kirschen. Die Kirschen schmecken ▭ Mädchen.

Dort hoppelt das Kaninchen. Ich folge ▭ Kaninchen.

Allen macht das Spiel Spaß. Sie achten bei ▭ Spiel auf Fairness.

> Nach dem Dativ fragst du mit: **Wem ...?**

3 Setze den Artikel passend zum Nomen
im Akkusativ oder Dativ ein.
Schreibe die Sätze ins Heft.

> 3) Der Hamster ...

Der Hamster sitzt im Käfig.

Papa füttert ▭ Hamster mit Getreide.

Nina gibt ▭ Hamster Salat.

Das Mädchen rennt zur Bushaltestelle.

Der Bus fährt ▭ Mädchen fast davon.

Der Busfahrer wartet auf ▭ Mädchen.

Die Freunde klingeln an der Tür.

Paul begrüßt ▭ Freunde an der Tür.

Er geht mit ▭ Freunden ins Kino.

Artikel zu Nomen im Akkusativ schreiben
Artikel zu Nomen im Dativ schreiben
Akkusativ und Dativ nach Verben und Präpositionen verwenden

... bilden

4 Setze den Artikel passend zum Nomen im **Genitiv** ein.
Lies die Sätze einem Partner vor.

Der Junge ist hingefallen. Die Hose ▨ Jungen ist kaputt.
Auf der Stange sitzt der Vogel. Der Käfig ▨ Vogels ist groß.
Der Ärger ist gewaltig. Der Grund ▨ Ärgers ist lächerlich.

Die Frau fährt mit dem Auto. Das Auto ▨ Frau ist schwarz.
Auf dem Tisch liegt die Nadel. Die Spitze ▨ Nadel ist verbogen.
Die Freude ist riesig. Der Anlass ▨ Freude ist ein Gewinn.

Das Kind schläft tief und fest. Die Wiege ▨ Kindes ist hellblau.
In der Box steht das Pferd. Die Box ▨ Pferdes ist sauber.
Das Kleid ist hübsch. Der Preis ▨ Kleides ist zu hoch.

> Nach dem Genitiv fragst du mit:
> **Wessen ...?**

5 Setze den Artikel passend zum Nomen
im Akkusativ, Dativ oder Genitiv ein.
Schreibe die Sätze ins Heft.

> 5) Der Hund tobt ...

Der Hund tobt im Park.

Oma streichelt ▨ Hund.
Das Halsband ▨ Hundes ist blau.
Opa gibt ▨ Hund Kommandos.

Die Frau sitzt im Restaurant.

Die Haare ▨ Frau sind blond.
Die Kellnerin bedient ▨ Frau.
Sie bringt ▨ Frau ein Eis.

Das Kaninchen frisst Salat.

Ich gebe ▨ Kaninchen etwas Gurke.
Die Farbe ▨ Kaninchens gefällt mir.
Ivana streichelt ▨ Kaninchen.

6 Schreibe vier Sätze zu einem Nomen wie in Aufgabe 5 ins Heft.
Das Nomen soll in den vier Fällen stehen.

Artikel zu Nomen im Genitiv schreiben
Artikel zu Nomen im Akkusativ, Dativ und Genitiv schreiben
Sätze zu Nomen in den vier Fällen schreiben

20

AH S. 24–25

S5

Sprache erforschen

1 Was sagen die Kinder im Bild?
Was kommt euch bekannt vor? Was ist euch fremd?

2 In den Sprechblasen stehen Wörter,
die du in Texten eher nicht schreiben solltest.
Finde die Wörter, die du
stattdessen verwenden kannst.
Schreibe ins Heft.

> 2a) ausflippen – sich aufregen

reden	sich aufregen	entspannen
besonders	Gestank	schimpfen

a) ausflippen   b) krass   c) abhängen

d) labern   e) motzen   f) Mief

3 Lies den englischen Zungenbrecher halblaut.
Übersetze ihn ins Deutsche
und schreibe ihn ins Heft.

Fred fed Ted bread,
and Ted fed Fred bread.

> 3) Fred ...

Unterschiedliche Regionalsprachen kennenlernen
Gesprochene Sprache geschriebener Sprache zuordnen
Einen englischen Zungenbrecher lesen, verstehen und übersetzen

Gesprochene und geschriebene Sprache

1 Links in den Kästen stehen Wörter,
die du in Texten nicht schreiben solltest.
Schreibe sie mit den Wörtern,
die du stattdessen schreiben kannst, ins Heft.

1) glotzen — schauen

So wie du spricht, kannst du oft nicht schreiben: in Berichten, in Briefen, ...

glotzen	gehen
sich ranhalten	schauen
latschen	sich beeilen
sich verknallen	arbeiten
keulen	sich verlieben

mies	streng
knallhart	meckern
anbratzen	bezahlen
heizen	schlecht
blechen	schnell fahren

2 Zeige einem Partner zu den Sprechblasen die Wörter, die du schreiben würdest.

Sonnenbrand   Mütze   Schnupfen   Dummkopf   Blumen   Frisör

Hasenhirn   Hummerhaut   Glatzenschoner

Duftgemüse   Rüsselpest   Kopfgärtner

3 Was ist mit den Sätzen gemeint?
Schreibe den richtigen Satz ins Heft.

3a) Das ...
    b)

a) Das kannst du in die Tonne treten!

Das taugt nichts.
Das musst du in einer Tonne zertreten.

b) Du hast wohl einen Clown gefrühstückt!

Du hast Wurst mit Clownsgesicht gegessen.
Du bist aber albern.

c) Drück mal auf die Tube!

Press mal die Tube aus.
Beeil dich mal.

d) Bleib mal geschmeidig!

Reg dich nicht auf.
Mach jeden Morgen Gymnastik.

4 Überlege dir mit einem Partner Sätze, die ihr sagen, aber nicht schreiben würdet.
Was würdet ihr stattdessen schreiben?

Gesprochener Sprache geschriebene Sprache zuordnen
Redewendungen Bedeutungen zuordnen
Gesprochene und geschriebene Sprache gegeneinander abgrenzen

21
22

37

Regionalsprachen, Sprachen ...

1 Suche dir einen Partner.

2 Versucht, die Zahlen in den Regionalsprachen und in den anderen Sprachen zu lesen.

	Schwäbisch	Plattdeutsch	Italienisch	Französisch	Türkisch	Russisch
0	null	null	zero	zéro	sıfır	ноль
1	oes	een	uno	un	bir	один
2	zwoe	twee	due	deux	iki	два
3	drai	dree	tre	trois	üç	три
4	vier	veer	quattro	quatre	dört	четыре
5	faef	fief	cinque	cinq	beş	пять
6	segs	söss	sei	six	altı	шесть
7	siba	söven	sette	sept	yedi	семь
8	acht	acht	otto	huit	sekiz	восемь
9	nae	negen	nove	neuf	dokuz	девять
10	zäa	teihn	dieci	dix	on	десять

3 Schaut die Wörter für die Zahlen in Aufgabe 2 genau an und sprecht über Ähnlichkeiten und Unterschiede.

4 Versucht, die Fragen nach dem Namen in den Regionalsprachen und in den anderen Sprachen zu lesen.
Zeigt zu den Fragen die passende deutsche Frage.

Plattdeutsch	Wo heetst du?
Schwäbisch	Wia hoescht du?
Englisch	What is your name?
Niederländisch	Hoe heet jij?
Französisch	Quel est ton nom?
Schwedisch	Vad heter du?
Norwegisch	Hva heter du?
Dänisch	Hvad hedder du?
Portugiesisch	Qual o seu nome?

Wie heißt du?

Wie ist dein Name?

5 Zeigt in Aufgabe 4 auf die Wörter für **Name** oder **heißt** in den anderen Sprachen.

Zahlen in Regionalsprachen und in anderen Sprachen vergleichen
Fragen in Regionalsprachen und in anderen Sprachen deutschen Fragen zuordnen
Ähnlichkeiten und Unterschiede von Wörtern verschiedener Sprachen erkennen

... und Schriften vergleichen

 6 Versucht, die Zungenbrecher in den anderen Sprachen zu lesen.

> Ein Zungenbrecher ist ein Spruch, der schwer zu sprechen ist.

Man kan ikke altid plukke frisk frugt med en brugt frugt plukker. (Dänisch)

Betty better butters Brad's bread. (Englisch)

Tre tigri contro tre tigri. Trentatré tigri contro trentatré tigri. (Italienisch)

Schelle Se net an sellere Schell, selle Schell schellt net. (Schwäbisch)

Bu yoğurdu sarımsaklasakta mı saklasak, sarımsaklamasakta mı saklasak. (Türkisch)

Betty beschmiert Brad's Brot besser mit Butter.

Klingeln Sie nicht an dieser Klingel, diese Klingel klingelt nicht.

Man kann frisches Obst nicht immer mit einem gebrauchten Obstpflücker pflücken.

Sollen wir diesen Joghurt mit Knoblauch mischen und aufheben oder aufheben, ohne ihn mit Knoblauch zu mischen?

Drei Tiger gegen drei Tiger. Dreiunddreißig Tiger gegen dreiunddreißig Tiger.

7 Zeigt zu den Zungenbrechern von Aufgabe 6 die Übersetzungen. Sucht die Wörter, die euch geholfen haben, die Übersetzung herauszufinden.

8 Schaut euch das Wort **Geburtstag** in den Schriften an. Sprecht über Ähnlichkeiten und Unterschiede. Findet den Buchstaben, der in allen Schriften gleich ist.

*Geburtstag   Geburtstag
Geburtstag   Geburtstag*

> Diese Schrift heißt Sütterlin.

 9 Schreibt eure Namen in Sütterlin ins Heft. Das Alphabet dieser alten Schrift findet ihr im Internet.

Zungenbrecher in unterschiedlichen Sprachen lesen
Ähnlichkeiten von Wörtern verschiedener Sprachen zur deutschen Sprache erkennen
Ähnlichkeiten und Unterschiede unterschiedlicher Schriften kennenlernen

23

Gleich klingende Wörter vergleichen

1 Bilde Nomen
und schreibe sie geordnet ins Heft.

Him- Brom- Panda- Stachel- Koala-	Beeren
Blau- Schwarz- Grizzly- Braun- Erd-	Bären

1a) Himbeeren,
   b)

a)    b)

2 Ergänze passende zusammengesetzte Nomen
mit ![teich] -**teich** oder ![teig] -**teig**
und schreibe die Sätze ins Heft.

2) Gestern ...

Gestern Vormittag hat Oma einen Hefe▢▢ gemacht.

Nach der Schule sind wir zum Bade▢▢ gefahren.

In unserem Schwimm▢▢ ist zu wenig Wasser, da kann man nicht baden.

Ich kaufe drei Stück Kuchen aus Mürbe▢▢.

Im Urlaub waren wir in den Bergen, dort gab es einen Dorf▢▢.

Mia nascht gerne die Reste vom Kuchen▢▢ aus der Schüssel.

3 Setze passende Wörter in die Sätze ein.
Schreibe die Sätze ins Heft.

3a) Heute morgen brachte
   der Bote ...
   b)

a) Heute Morgen brachte der **Bote** das Paket.
   Auf dem See gibt es viele 🚣.

Es gibt Wörter, die du gleich sprichst, aber unterschiedlich schreibst.

b) Der Klassensprecher hat die **Wahl** wieder gewonnen.
   Der 🐳 ist ein riesiges Säugetier.

c) Meine Tante will die Kaffeebohnen immer frisch **mahlen**.
   Alle Kinder 🎨 dem kranken Felix ein Bild.

d) Wenn man in Schwierigkeiten ist, braucht man einen guten **Rat**.
   Das 🚲 meiner Schwester hat eine rote Klingel.

e) Ohne meine Brille kann ich nicht gut **sehen**.
   Besonders viele 🏞 gibt es in Brandenburg, Mecklenburg und Bayern.

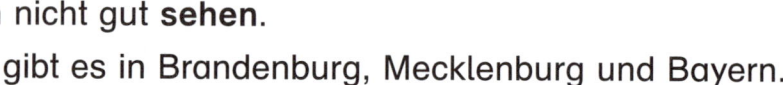
Homophone kennenlernen
Homophone semantisch passend und rechtschriftlich richtig einsetzen